고향에
두고 온
내 마음

손진명 시선집

고향에 두고 온 내 마음

한강

시인의 말

어린 시절이 어제 같은데
미수米壽의 나이를 먹고
구순九旬이 가까이 오니
"인생人生은 짧고 예술藝術은 길다"란
그 말이 진정 가슴에 와닿네

이제 이 시집을 끝으로
나의 시詩 세계를 접는다.

2025년 10월에
손진명

손진명 시선집 · 고향에 두고 온 내 마음

차 례

□ 시인의 말

제1부 계절과 더불어

새해 새 소망 ——— 13
겨울잠 깨우는 나비 ——— 14
봄빛 발자국 ——— 15
봄 찾아온 제비 ——— 16
새싹 ——— 17
봄 가지 ——— 18
봄의 미소 ——— 19
봄은 지혜롭다 ——— 20
봄은 가도다 ——— 21
가을빛 · 1 ——— 22
가을빛 · 2 ——— 23
천연색의 계절 ——— 24
익어 가는 단풍잎 ——— 25
가을이 익어 오는 소리 ——— 26
눈이 내리네 ——— 27
눈꽃송이 ——— 28

고향에 두고 온 내 마음　　　　　　손진명 시선집

제2부 고향과 더불어

31 ─── 향수
32 ─── 꿈에 비친 고향
33 ─── 망향
34 ─── 고향의 노래
35 ─── 보릿고개 세월
36 ─── 어머님의 가슴
37 ─── 고향의 밤하늘
38 ─── 어머님은 보름달
39 ─── 어머님은 영원한 고향
41 ─── 동심의 골목길
43 ─── 인생 파도
44 ─── 자연은 시를 쏜다
45 ─── 아기는 하느님인가
46 ─── 아내의 변

제3부 꽃과 더불어

49 ─── 매화꽃·1
50 ─── 매화꽃·2
51 ─── 영춘화

손진명 시선집 고향에 두고 온 내 마음

차례

산수유 —— 52
벚꽃 —— 53
난초 —— 54
구절초 —— 55
국화꽃 —— 56
앉은뱅이꽃 —— 57
마지막 한 잎새 —— 58
감홍시 —— 59
길 잃은 벌과 나비 —— 60
휘파람새 —— 61
설원에 오시는 임 —— 62
겨울나무야 —— 63

제4부 꽃 향이 짙은 세상

잠자는 꽃 —— 67
꽃이 인사를 하네 —— 68
울어도 눈물 없는 꽃 —— 69
웃는 꽃 —— 70
천화 —— 71
꽃을 닮자 —— 72
꽃 옆에 서서 —— 73

고향에 두고 온 내 마음　　　　　　　　손진명 시선집

74 —— 꽃을 보고 서 있노라면
75 —— 꽃 한 송이
76 —— 지혜로운 꽃
77 —— 계절의 변주곡
78 —— 카메라 앞에만 서면
79 —— 꽃 향이 짙은 세상
80 —— 외로운 이름들

제5부 자연과 더불어

85 —— 환희
86 —— 사랑의 별빛
87 —— 마음은 팔랑개비
88 —— 별빛 소리
89 —— 별빛 사이를 건너서
90 —— 산길·1
91 —— 산길·2
92 —— 외진 산길·1
93 —— 외진 산길·2
94 —— 산은 어머님 가슴
95 —— 청산에 살리라
96 —— 그림을 그리는 산

산은 나의 애인 ――― 97
산바람 ――― 98

제6부 세상과 더불어

별들의 세상 ――― 101
백두산 천지 ――― 102
도문교에 서서 ――― 103
중국 도문교 ――― 104
꽃배 ――― 106
별들의 이야기 ――― 107
영혼의 밤 ――― 108
묵주의 기도 ――― 109
별빛을 밟으며 ――― 110
기도하는 사람들 ――― 111
순례의 길 ――― 112
지렁이가 나를 살렸다 ――― 114
서울 가는 십이 열차 ――― 115

계절과 더불어

제1부

새해 새 소망

새해 새 소망 이루려고
산 정상에 모여든 사람

근심 걱정 가득 담아 와서
일출日出에 모두 불사르고

새로운 새 소망 이루려
두 손 모아 비는 정성

새 소망 가득히 담아
무겁게 지고 가네.

겨울잠 깨우는 나비

게으른
나뭇가지는 아직도
봄 기동조차 안 하는데

겨울잠 깬 나비 한 쌍
새싹보다 먼저 일어나

여기저기 가지 위로
겨울잠을 깨우네
파란 봄 씨앗을 뿌리네.

봄빛 발자국

가만가만 걸어온다
가지마다 파랗게
여기저기 걸어온다

며칠 후에 다시 가니
어느새 파란 입술
뾰족뾰족 내밀고
생긋이 웃는 아기 웃음

그대는 누구인가요
대답 없이 유혹하는

얕은 햇살에
생긋이 웃으며 걸어오는
청초한 봄빛 발자국.

봄 찾아온 제비

개울가 풀피리 소리
봄빛으로 파랗게 묻어 온다

우리 집 처마에 제비 한 쌍
올해도 옛집 찾아와서
새집을 짓고 있구나
나는 저들 못 알아보는데
저들은 나를 알아볼까

얕은 안개 속으로
개울가 목동들 풀피리 소리
알프스 산골짝으로 들인다

몸은 세월 따라 늙어 가도
추억은 늙지 않네

목동들의 저 풀피리 소리
어린 시절 불러오네.

새싹

당신은 누구세요

잠자는 나를 깨우지 마세요
아직 여기는
동토(凍土)의 땅입니다

첩첩이 덮은 겨울 이불
뒤쳐 보지도 마세요
가만히 걸어가세요
진정 나를 사랑한다면
눈빛만을 주세요
조용히 기다려 주세요

봄 햇살이 짙게 익어 가는 날
꽃단장하고 벌 나비 앞세워
내 당신을 맞으리라
부디 기다려 주세요, 당신.

봄 가지

나뭇가지마다 봄의
핏줄이 파랗게 돋는다

눈도 채 뜨지 못한 채
얕은 바람 한 점에도

쭉쭉 내미는
어린 손가락들

입가에 노란 봄빛 물고
벌 나비를 부르는
살가운 어린 춘혼春魂들.

봄의 미소

찬바람이 아직 가시지도 않았는데
새싹들이 얕은 미소를 띠우고
뾰족뾰족 나들이를 나오네

가지마다 초롱초롱한 저 푸른 눈빛
눈도 뜨지 못한 채 얕은 가지에 앉아
살며시 웃으며 손을 내민다
어서 찬 기운이 갔으면 좋겠는데
이 어린 꽃가지들 웃음 피우며
아장아장 걸어 나오게

네 살던 곳이 어디기에
누가 네게 봄 온다고 알려 주던가
얕은 찬바람에도 파르르 떨면서
아장아장 걸어 나오는 햇병아리들아.

봄은 지혜롭다

겨울잠 자던 나무들 눈 비비며
아침마다 팔을 쭉쭉 뻗고
햇빛과 재롱을 부린다

봄은 참 지혜롭구나

겨울잠 자던 나뭇가지들
온 산천 봄을 피우게 하고
새들도 깨워서
짝을 찾게 하고

봄은 온 산천 여기저기
꽃불을 찌르네 꽃불을 피우네

벌 나비들 둥실둥실
아지랑이 타고 오네
봄을 타고 날아오네.

봄은 가도다

가도다 가도다
봄은 이제 가도다

나를 남겨 두고서
봄은 떠나가도다

떠나는 님을 붙잡아도
못 본 척 돌아서 가는

나는
서러워 서러워서
님을 잡고 웁니다

떠나는
봄님을 잡고서
나는 웁니다.

가을빛 · 1

나를 밟지 마세요
부디 나를 밟지 마세요

바삭바삭 밟히는 소리
가을빛 지워지는 소리.

가을빛 · 2

잎들이 다 진 가지에
홀로 남은 한 잎
바람에 달랑달랑

이렇게 홀로 남아도
걱정은 늘 바람뿐이지.

천연색의 계절

몇 개 안 남은 잎새 사이로
쳐다본 하늘은 온통 별밭이다

길바닥에 뒹구는 잎새들
개선장군처럼 바람에 날려
윙-윙 나발을 분다

어둠에 밟히는 낙엽 소리
가을이 저물어 가는 소리

천공天空에 잠자던 별들
하나하나 등불을 켜고

바람에 바삭바삭
가을을 밟고 가는 소리.

익어 가는 단풍잎

단풍잎 한 잎이
빨갛게 손발이 시려

바람에
오들오들 떨고 있다

가을을 불태우는
저 빠—알—간 얼굴

온몸에
가을이 익어 오네

온 산천 가지마다
단풍잎의 붉은 소리

잎마다 빨갛게
여기저기 익어 오네.

가을이 익어 오는 소리

푸른 잎들이 가지마다
여기저기
푸른 옷 벗어 두고
노랑 빨강
가을 옷 갈아입는 소리

노랗게 걸어오는 소리
가을이 익어 오는 소리

잎들마다 등불 켜 들고
찾아오는 저 붉은 소리

온 산천 여기저기
가을이 익어 오는 소리
산천마다 들려오네

계절에 익어 오는 산천
온몸 붉게 태우네.

눈이 내리네

눈이 내리네, 눈이 내리네
산에도 들에도 눈이 내리네

온 세상 하얗게
축복의 눈이 내리네
꽃사슴 눈망울 같은
영롱한 눈이 내리네

순백의 눈이 마음에 내리면
너처럼 마음도 따뜻해질까
산에도 들에도 눈이 내리네
순백의 꽃이 되어서 내리네

눈이 내리네, 눈이 내리네
산에도 들에도 눈이 내리네

세상 여기저기 목화송이 내리네
아이들 하얀 웃음소리 들리네.

눈꽃송이

나를 잡지 마세요
그저 보고만 가세요

혹시 귀엽다고
손이라도 잡으시면
나는
조용히 눈을 감고
눈물방울로 집니다

부디 잡지는 마세요
정 그러시다면 연정戀情의
푸른 눈빛만 주고 가세요

포옹할 수 없는
당신과 나
붉은 미소로
사랑만 주고 가세요.

제2부 고향과 더불어

향수

늙어 갈수록 고향이
점점 그리워진다

꿈마다 향수가 찾아와서
어서 고향 가자 하네
풀피리 불고 물장구치던
그곳이 진정 내 고향이라네

고향이 무엇이길래
여든이 넘게 타향에 살아도
마음은 늘 고향에
가 있는 것을 보면
너는 영원한 내 동반자인가
내 고향 갈 때 우리 함께
거기 가서 살자꾸나
내 향수여 내 영혼이여.

꿈에 비친 고향

가리라 내 어서 가리라,
소달구지 타던 내 고향 가리라
일꾼들 나뭇짐에 참꽃 꺾어 오고
처녀들 나물 보따리마다
송기 꺾어 오던 그곳에

목화 열매 따먹다 주인에게 쫓겨서
신도 벗긴 채 도망치던 그 거랑물
아직도 어린 추억 흘러가고 있을까

등잔불 밑에 오순도순 모여 앉아서
소름 끼치던 귀신 이야기와 동네 여러 이야기에
달도 가다 말고 엿듣던 그곳
이제는 사람도 동네도 모두가 타향이 되었어도
꿈은 밤마다 고향 가자 하네

몸은 늙어 가도 추억은 늙지 않는가 봐
밤마다 수구초심首丘初心의 꿈을 꾸는 것을 보면
고향은 영원한 내 영혼의 안식처인가 봐.

망향

창가에 비치는 저 달빛은
이 밤에도 고향 집 창가에
혼자 서성이다 돌아가겠네

녹슨 세월에 주인 없는 삽짝문은
망부석처럼 혼자 지키고 있네

마음은 고향에 두고 왔던가
평생을 객지客地에서 살아왔어도
마음은 늘 고향에 가 있는 것을 보면
어머님 가슴처럼 포근한 그곳
어미 소 울음소리 들려온다

찔레 꺾어 먹고 물장구치던
친구들의 그 웃음소리
바람 따라서 들려오네.

고향의 노래

닭이 운다
꼬끼오— 꼬끼오—
새벽을 깨우는
오랜만에 들어보는
옛 고향의 소리다

새벽을 여는
어머님 품속 같은
그리운 노래다

영혼을 깨우는 어머님의
새벽 기도 같은 소리다.

※ 히말라야 산길에서

보릿고개 세월

그때는 다 그러했다

어머니는 부엌 샛문으로
식구들 밥상을 들여놓고
부엌에서 밥주걱으로
빈 밥솥을 긁었다

엄마 빨리 들어와
샛문 사이로 부르는
애처로운 아이들 목소리

나는 괜찮다 너거나 어서 먹어라
어머니는 부뚜막에 혼자 숭늉으로
배 채우시던 꿈같은 옛 보릿고개 시대
밥이 없으면 라면이라도 끓여 먹지 하는
요즘 아이들에게는 전설 같은 옛이야기.

어머님의 가슴

어머님의 가슴은
나의 고향입니다
생명선이 흐르는 그곳은
우리의 영원한 고향입니다

아내의 가슴에서
당신을 찾아도
아내는 아내일 뿐
어린 나의 옛 고향은 아닙니다

나는 행복합니다 아직도
당신의 가슴을 더듬고 싶은
어머님의 가슴은 내 고향이요
내 그리움입니다

늘 고생만 하시던 아버지 당신은
내 기억 속에 희미한 달빛입니다
나도 먼 날에 아이들에게 당신처럼
구름 속에 희미한 달빛으로 비칠까요.

고향의 밤하늘

놀다 밤늦게 오면 무논에서 울던 개구리는
발자국 소리에 울음을 멈추었다가 멀찌감치
지나오면 또 운다 개도 내 발자국 소리 듣고
삽짝 밖에 나와서 꼬리를 설렁설렁 흔들고
마구간에 누웠던 소도 콧숨을 푹푹 내쉰다
말은 못 해도 짐승들도 모두 영물이다

한여름 마당가 모깃불 연기는 밤의 적막을
휘감아 돌아나가고 감나무에 부엉부엉 울던
부엉이와 피곤한 어머님의 콧소리가 합창이
되어 깊은 밤의 고요를 깨운다

멍석에 누워서 반짝이는 별을 헤아리다 잠이
들기도 어머님이 수놓은 쭉 뻗은 은하의 별들이
속삭이던 밤하늘은 눈이 시려 쳐다볼 수가 없었다
밤 호수에 유영游泳하던 별들은 은하를
타고 날아가고 어머님의 자장가에 미리내의
밤하늘도 고요히 잠이 든다.

어머님은 보름달

어머님은
마음의 보름달이다

걱정도 묻어 두고
내색도 하지 않는
웃고만 계시는 따뜻한 달빛

보고 또 보고
부르고 또 불러도
늘 웃고만 계시는
둥글둥글한 보름달 같은

그러기에 당신만 생각하면
모든 근심 걱정이 사라지는
나도 환한 보름달이 된다

당신은 마음의 꽃이요
내 영원한 보름달이다.

어머님은 영원한 고향

그대 이름은 어머니
나의 영원한 고향입니다
아직도 당신의 젖가슴을 더듬고 싶은
어린 마음입니다. 생명의 젖줄이 흐르고
포근한 잠자리이었던 당신의 가슴속은
나의 영원한 고향입니다

나는 행복합니다
나이가 서녘 행간에 놓여서도
당신을 찾고 싶은 어린 마음이기에

나는 참 행복합니다
때로는 보채기도, 때로는 투정을 부려도
받아 주시는 당신이 있기에

밭고랑에 앉아 젖 먹이시던 어머님
당신은 내 고향이요, 그리움입니다

고생의 자락에서 늘 헤매시던 아버지

당신은 나래 잃은 한 마리 새입니까
기억의 미로迷路에 묻힌 달빛 같은 당신

나도
아버지란 이름 때문에
아이들의 기억 속에
희미한 달빛으로만 비춰질까요
아버지 당신처럼 말입니다.

동심童心의 골목길

몸은 세월의 나이테가 곳곳에
검게 주름져 흘러내리는데
마음은 아직 동심 속에 뛰어논다

맘속엔 어린 날의 웃음소리
골목길이 왁자지껄하다
옷소매 콧물 훔치며 팽이 치며
제기 차던 네 모습들이
주마등처럼 밝게 지나간다
그때 놀던 그 얼굴 그 웃음소리
늙지 않고 맘 한 구석 뛰어논다

우리가 놀았던 옛 골목길에 와서 보니
옛 친구는 간 곳 없고 고독만이 흐르네
친구야 다들 어디 갔나
나 오늘 여기 다시 와서
옛날 너희들 소리 듣는다
옛 추억을 더듬는다

둘러본 산천은 옛 그대로인데
인걸人傑은 간 곳이 없구나.

인생 파도

주춤주춤하는 사이
나침반도 해도도 없이
세월에 밀려 여기까지 왔다

배는 점점 세월의
파도에 찢겨 가고
갈수록
큰 파도가 더 밀려온다
하늘을 쳐다보니
맑은 날은 점점 없을 것 같고
파도에 몸은 더 약해져 간다

갈수록 앞길은 더 캄캄한 밤
큰 파도 없이 무사히
인생길 헤쳐 가야 할 텐데

인생 노을 험한 길에
자나깨나
그 생각밖에 없구나.

자연은 시를 쓴다

자연은
모두가 시인이다

바람은
잠자는 나무를 깨워
시를 쓰게 하고

또 나무는
잠자는 새를 깨워
시를 쓰게 하고

흐르는 물은
골짜기를 깨워
시를 쓰게 하고

이렇게 자연은
모두가 시를 쓰는
훌륭한 시인이네.

아기는 하느님인가

나는
하느님을 보았네

배냇잠 속에
웃는 아기에게

하느님에게 안겨
재롱부리는 이 아기

고요한 숨결
고요한 미소

천사가 두고 간
아기 하느님인가

웃고 있는
이 아기 천사가.

아내의 변

아내의 한 친구가
너는
시인하고 살아서 좋겠다
시처럼 삶이 아름다워서

안식구의 대답인즉
그렇게 아름다우면
니, 한번 같이 살아보지
시처럼 아름다운지

남의 속도 모르고
천치 같은 소리하네

천치라도 남자는 남자야.

제3부 꽃과 더불어

매화꽃 · 1

겨우내 참았던 눈물
산고産苦의 아픔이었던가

가지마다
산고의 아픔이
눈물로 피어나네

한 줌 햇빛에
붉게 피우는 네 웃음

봄소식
전해 주려는 것인가.

매화꽃 · 2

어제 핀 매화가
오늘 바람에 지는 소리
이렇게 빨리 왔다 갈 걸
오긴 왜 왔어

하기야 어디 너뿐인가
거울에 비친 내 얼굴도
어제의 내가 아닌데
어찌 너만 탓하리오

바람에
너희가
지는 줄 알았더니

이 모두가
세월의 장난인 것을.

영춘화 迎春花

누구일까
겨울잠을 깨우는 소리
줄기마다 노랗게 찾아오는 이

설익은 눈동자
배내웃음 피우며
겨울잠 깨우는 소리

수일 후 다시 찾은 꽃가지들
노란 웃음 피우며 쳐다보네.

산수유

태막胎膜을 막 깨고
밖을 내다보는 눈매
벌 나비 마중은 없어도
햇살이 마중 나와 있네

배내웃음 짓는 노란 입가
햇살이 소복이 앉아 속삭인다
지나가는 바람이 살짝 해코지해도
웃으며 살랑살랑 고개 젓는

옹알이는 네 입가
향긋한 젖 내음
지는 겨울 끌어안고
봄의 들머리에 서서
입술 푸르게 떨고 있구나

또래 또래로 모여 앉아
소곤거리는 봄빛 소리
얕은 햇살에 내민 얼굴
모두가 아기 같구나.

벚꽃

나는 웁니다

헤어지기 싫어서
나는 웁니다
서러워 서러워서
나는 꽃을 잡고 웁니다

꽃이 돌아서서
생긋이 웃으며
서러워 말아요
우리는 다시
내년에 오잖아요

너와 나 약속을 못하는
내가 서럽구나

꽃은 봄 따라 매년 오고 가지만
인생은 가면 다시 돌아오지 못하니
해마다 오가는 너희가 참 부럽구나.

난초

책상 위에 놓인 춘란이
수줍은 여인처럼
고개를 숙이고 있더니

오늘 아침에서야
붉은 입술 깨물어
절개의 꽃송이를 피웠구나

계절에 둔한 내가
너를 보고서야
봄 온 줄 알았으니

영롱한 네 눈빛과
풍기는 네 꽃 향이

세상 너만 한 이
또 어디 있을까

붉은 웃음 피우며
피어나는 꽃이여.

구절초

오세요, 오세요
내 사랑 꽃이여

산 들머리 고샅길에
외로 핀 꽃들이여
모두가 떠난 자리
너 혼자
저무는 가을 길에
누구를 기다리나

하얀 웃음 가벼이 물고서
바람에 고개 숙인 꽃이여

오세요, 오세요 아기 천사여
저물어 가는 가을 길에
이 산 저 산 꽃등불 켜 들고서
가을을 밟고 오는 백의 천사여.

국화꽃

너를 만나면
왠지 가슴이 뛴다
너를 보고 서 있노라면
더더욱 가슴이 뛴다

너에 대한 사랑일까
너의 대한 그리움일까
반짝이는 네 고운 눈매

서리꽃 하얀 입술
내 가슴에 젖어 올 때
향기로운 꽃 향이 피네
내 사랑이 되네

늦가을 저문 날에
아장아장 걸어오는
나의 백의 천사여.

앉은뱅이꽃

꽃 중에서도 아주 작아
난 앉은뱅이꽃이라 부른다네

작은 가시덤불에도
가리어 보이지 않는
나는 볼품없는 꽃

바람 한 점 스쳐 가면
햇빛 구경 한번 하고
큰 바람 먹구름에도
목숨 질 우려 없고
넓은 세상 안 보여
좋을 때도 있다네

밤이면 별과 함께 속삭이는
욕심 없는 꽃 난 앉은뱅이꽃이라네
벌 나비 찾아오면 사랑도 하는
난 욕심 없는 꽃 앉은뱅이꽃이라네.

마지막 한 잎새

바람아
불지 마라

네 장난에
한 생명이 달려 있다

늦가을
계절의 난간에 서서

바람에 호롱불처럼
파르르 떠는

마지막 남은
가을 잎 한 잎.

감홍시

계절에 물들어 가는 감
하늘을 붙잡고 갈 길만 쳐다본다

외로움과 서러움이 녹아서
온몸이 붉게 피멍 들었나

찰나의 순간을 붙잡고
매달린 저 붉은 감홍시
얕은 바람에도 흔들흔들
홀로 남은 저 붉은 감홍시

가지에 앉았던 까막까치들
나를 보자 아침밥 포식하고
여명黎明을 밟고 날아가네

천공天空의 푸른 별들
하나하나 여명에 눈을 감네
새벽을 열어 가네.

길 잃은 벌과 나비

꽃이 아무리 예뻐도
벌 나비가 오지 않네

꽃 향이 없으니
벌 나비가 오지 않는다

사람도
마음에 향이 없으면
벗이 없듯이

너와 나
살아가는 세상이

모두가
똑같은 이치네.

휘파람새

휙-휙- 휘파람새
봄을 부르네

고요한 어둠 속에
어두운 응시로

나도 너를 따라
휙-휙- 휘파람 불면

제 벗인 양
휙-휙- 휘파람 따라 부네

휙-휙- 휘파람새
휘파람을 불면

잠자던 봄도 깨어나
휘파람새 타고 오네.

설원에 오시는 임

밤길에 사박사박
걸어오시는 소리 있어
임이 오시나 나가 보니
하얀 신발 고이 신고 임이 오시네

눈 감으시는 임 애처로워
덥석 손을 잡으니
설원에 오시는 임이
스르르 눈을 감으시네

가시는 임 애처로워
잡고 또 잡아 봐도
스르르 감으신 눈
영원히 감으시네

임은 또 화신花身이 되어
온 세상 하얗게 내리네.

겨울나무야

너처럼 살았으면 좋겠네
너처럼 살다 갔으면 좋겠네
화려한 영광 다 벗어 버리고
새 한 마리 앉을 곳 없는
가난한 언덕에 욕심 없이
서 있는 겨울나무야

나는 왜 이렇게
걱정의 심해深海서
늘 허우적거리는지
너처럼 살 수는 없을까
걱정과 욕심 없는
네 세상 가서 살 수는 없을까

빈손 들고도 즐거워서
바람 따라 휙—휙 휘파람 불며
춤추는 겨울나무야.

꽃 향이 짙은 세상

제4부

잠자는 꽃

아지랑이 사이로
나비 한 쌍
봄 찾아 날아온다

꽃보다 더 예쁜 나비
게으른 꽃들은 아직
겨울잠에 취해 있는데

나비가 먼저 봄 찾아
잠자는 꽃봉오리를 깨운다

노란 나비 한 쌍
여기저기 날아서

잠자는
아기 꽃 가지를 깨운다.

꽃이 인사를 하네

잠이 덜 깬 꽃봉오리
나를 쳐다보고
"안녕하세요" 하고 인사한다

내가 고맙다고 인사하면
저들도 웃음으로 답하네

꽃들이 나를 보고 웃으면
내 마음도 웃음꽃이 되네

이렇게 우리들은 서로
만날 때마다 웃음으로
안녕하고 인사하지요

내가 꽃을 보고 웃으면
꽃도 나를 보고 웃지요

이렇게 우리들은 만나면
서로가 웃음꽃이 피지요.

울어도 눈물 없는 꽃

앞을 지나가니
꽃이 나를 부른다

되돌아보니
우리 집 화분의 꽃이다

구슬 같은 맑은 꽃
꽃은 웃어도 소리 없고
울어도 눈물이 없네

우리들도 꽃처럼
웃고 살아가면
향 내음이 날까

어려운 세상살이
저 꽃처럼 살아가면
모두 다 꽃이 되겠는데.

웃는 꽃

아니
왜 그렇게 우세요

헤어짐이
서러워서 우세요

만남은
회자정리會者定離라 했는데

눈물을 닦아요
헤어짐은
만남의 약속인데

꽃은 지혜롭구나 낙화로 져야만
다시 꽃을 피운다는 것을 아는

웃으며 떠나가는
저 지혜로운 꽃들.

천화天花

내가
그렇게 좋으세요
매일 만나면서
꽃이 나에게 묻는다

그래
세상에 너처럼 욕심 없고
걱정 질투 없이
늘 웃기만 하는
예쁜 것이 세상에 또 있나
언제 보아도 아름다운 걸
너는 춘화春花가 아닌 천화天花야 천화天花

그래요
나는 하늘을 닮은 천화天花예요
하늘을 사랑해 보세요
마음도 얼굴도 하늘을 닮아
예쁜 천화天花가 되지요.

꽃을 닮자

걱정이 있으면 꽃을 보아라
우울하면 더더욱 꽃을 보아라

언제 꽃이 울거나
성내는 것 보았나
비바람에 날려가도
웃으며 날아가고
지면서도 웃으며 진다

꽃을 심자 마음에 꽃을 심자
마음에 꽃을 피우면
얼굴에도 웃음꽃이 핀다네

내 얼굴 먼저 웃음꽃을 피우면
만나는 사람마다 웃음꽃 핀다네

티 없이 맑은 꽃 너를 보고 서 있노라면
얼굴에도 마음에도 웃음꽃이 피어나네.

꽃 옆에 서서

꽃을 보니
밤에 꽃들이 자지 않고
수다를 떤 모양이다

꽃은 웃어도
소리가 없고
울어도
눈물이 나지 않네

너만 보면
세상 걱정 다 잊고
나도 꽃이 되어 서 있네

바람에 검은 구름 지우듯
걱정을 지우는 꽃이여.

꽃을 보고 서 있노라면

꽃을 보고 서 있노라면
모든 걱정도 꽃이 되네

꽃을 보고 서 있노라면
모든 아픔도 꽃이 되네

꽃을 보고 서 있노라면
세상 모두가 꽃이 되네

꽃을 보고 서 있노라면
나도 나를 잊고서
꽃이 되어 웃고 있다.

꽃 한 송이

오늘도 화단에
꽃 한 송이 뚝 떨어진다
그리 예쁘지 않아도 향은 더 짙다
예쁘다고 바람에 출랑대는 꽃보다
그늘에 가리워 안 보이는 꽃들이
향이 더 짙고 더 아름답구나

사람이나 식물이나
세월에 오고 감은 같은데
우리 집 철쭉꽃은 일년에
세 번씩 꽃을 피우는데
나의 귀밑머리는
한번 온 흰 세상 갈 줄 모르고
터줏대감으로 영원히 앉아 있네
사람과 식물이 이렇게 다를 줄이야.

지혜로운 꽃

어찌
바람만 탓하리오

꽃은
바람이 안 불어도
오갈 때를 아는데

인간은
내일을 모르면서

백년의
꿈을 꾸고 있으니

꽃이 인간보다
더 지혜롭구나

꽃이 뚝뚝 떨어진다
다음 세대를 위해서.

계절의 변주곡

철새들은 길이 없어도
제 갈 길을 오고 가고

꽃들도 길이 없어도
계절 따라 피고 지고

붉어 오는 저 단풍잎도
계절 따라 오고 가는데

세월 따라 간 사람들
다시 돌아오지 않으니

나무와 인생의 차이가
이렇게도 멀고 가까운가

떠나간 사람들 오고 감은
마음속에서만 오고 가네
보이지 않은 길 나에게도
하루하루 걸어오네.

카메라 앞에만 서면

카메라 앞에만 서면
못난 사람도
잘난 사람도

모두가
웃음꽃이다

이렇게
사진 찍는 얼굴로
늘 웃고
살 수는 없을까

바람이
구름을 지우듯
걱정을 지우게.

꽃 향이 짙은 세상

세상을 긍정적으로 바라만 보면
세상은 모두 향기론 꽃이 되네

세상을 부정적으로 바라만 보면
향기로운 꽃도 악취가 난다네

한쪽 눈을 감고 세상을 보면
세상은 반쪽밖에 안 보이네

볼품없는 들꽃도 곱게 보면
진한 향기가 나듯이
어두운 세상도 바르게 보면
밝은 세상으로 보인다네

우리 모두 밝은 마음으로
어둔 세상 밝게 보자꾸나.

외로운 이름들

어둠이 내려오니 산이 운다
따라서 무덤도 운다
얼마나 외로우면 무덤가에
가시덤불도 저렇게 울까

가는 슬픈 음률이 무덤의
혈관에서 흘러나온다
여윈 바람이 눈물을 닦고
지는 노을도 눈시울을 적시는

아, 주인 없는 무덤들이여
별빛이 내려와 우는 밤이여

흙 속에 묻힌 상석床石의 이름들
생전에 달빛을 쳐다보며
청춘의 이야기도 나눴겠지
잃어버린 달빛 슬피 우는 밤이여

시간에 묻힌 영혼들이여

푸른 달빛이 무덤 위에 내려와
하얗게 발을 쭉 뻗는다
덤불 속에 묻힌 저 무덤
외로워서 혼자 울고 있네
귓전에 묻어오는 허기진 울음소리

상석에 새겨진 저 이름들
다 어디에 갔을까?
풀숲에 묻힌 임자 없는 이 무덤
외로워 외로워서 울고 있는데.

※경북 문경, 임자 없는 무덤가에서

자연과 더불어

제5부

환희

나는 이겼노라
아, 나는 이겼노라

맨주먹 맨발로 차가운
동벽冬壁을 뚫고 달려왔노라

모두 다 깨어나라
어둔 겨울잠 박차고
어서어서 일어나라

온 산천 외치는
붉은 꽃들의 함성

나는 듣노라
나는 보노라

온 산천 외치는
저 꽃들의
환희의 소리를.

사랑의 별빛

무한한 하늘을 쳐다보아라
어둠을 향해 내려다보는
저 별빛을 쳐다보아라

어둠이 깊어질수록 별빛은
초롱초롱한 아기 눈빛이네

온몸을 불태워 밤을 밝히는
저 사랑의 별빛 쳐다보아라
낮과 밤이 교차하는 불빛을

온몸 불태워 내려다보는
저 광활한 우주의 불빛을.

마음은 팔랑개비

마음은
갈대 같은 바람이다

모양도 소리도 없는 것이
수시로 색깔이 바뀌어지는
칠면조 나래다

마음은
팔랑개비
생각을 좌지우지 돌리네

몸은
마음의 종인가
마음이 시키는 대로 하네

마음은 모양도 없는 것이
온종일 몸을 부려먹는다
마음은 몸의 주인이네.

별빛 소리

소리 하나를 줍는다

고요를 밟고 강물 속에
흘러가는 저 별들 소리

멈추지 않는 풀벌레 소리
마지막 여름밤 향연인가

별들의 기도 속에
떠나는 마지막 향연이
그리운 별빛이 되어
강물 속으로 흘러내리네

깊은 물속에 반짝이는
고공高空의 저 먼 별들이
이 밤의
역사를 싣고 흘러가네.

별빛 사이를 건너서

잠들었던 나무들이
얕게 걸어오는 바람 소리에
잠 깨어 살며시 고개를 든다

시간의 그림자는 이미
해거름 옷을 갈아입고
새들도
나뭇가지에 몸을 묻는다

드문드문 눈뜨는 별들
나의 귀로를 인도한다

윙—윙 바람 소리
게으른 새들이 늦게서야
여기저기 집을 찾는다.

산길 · 1

산은 내 벗이다
날마다 찾아와도
늘 반겨 주는 산

나는 외롭지 않아
바람도 산새들도
모두가 다 내 벗이니

괴롭고 외로우면
나무와 함께 춤을 추기도
새와 함께 노래 부르기도
다람쥐와 함께 숨바꼭질하기도
묵주와 함께 괴로움을 달래기도

괴롭고 외로운 자 산에 와서
마음에 사랑을 심어 보세요
마음에 꽃을 심어 보세요
마음도 산을 닮아 사계절
늘 향기로운 꽃이 피어나게.

산길 · 2

쉬었다 일어서니
꽃이 놀란 듯이

동그란 눈빛으로
나를 쳐다본다

벌써 떠나세요
눈가에 맺힌 눈물
고였다 떨어진다

이별이란 바람 같은 것
이별의 아픔 눈물로 지네.

※ 히말라야 등산길에서

외진 산길·1

외진 산길을 거닐다가
잠시 쉬었다 일어서니
길가 핀 노란 꽃 한 송이
놀란 듯 동그란 눈으로
나를 빤히 쳐다본다

벌써 떠나세요
눈가에 고였던 붉은 눈물
바람처럼 뚝뚝 떨어진다

이별이란 이렇게
모두가
슬픈 바람 같은 것.

※ 히말라야 어느 산길에서

외진 산길 · 2

가도 가도 끝없는
외진 산길을

바람과 벗이 되어
험한 산길을 지나

저녁연기 피어나는
고향 같은 마을에

까마귀 소리 까-악, 까-악,
고향 소리 들리네.

※ 히말라야 산길에서

산은 어머님 가슴

산은 어머님의 가슴
산은 어머님처럼 다 끌어안는다
예쁜 꽃이든 가시덤불이든
자식처럼 다 끌어안는다

산은 어머님의 가슴이다
산에 사는 것은 산의 젖을 먹고
산의 품속에서 모두 자라다가
다시 윤회의 길을 걸어가고

산은 어머님의 가슴이다
어린 풀 한 포기라도 비바람에
다치면 뻐꾹새가 되어 엉엉 운다
이렇게 산은 어머님의 가슴처럼
모두 사랑하고 모두를 가슴에 품는다

산은 어머님의 가슴이다
산처럼 살아야지 생각해도
산에서 내려오면 잊어버리는
산을 닮지 못하는 이 마음.

청산에 살리라

청산靑山은
내 안에 있고

나 또한
청산 안에 있어

이 마음 넉넉하니
나 또한 청산 같구나

세상사 지친 몸
청산에 내려놓고

빈 마음 가득 담아
내 청산에 살고파라.

그림을 그리는 산

산이
매일 그림을 그린다

어제는 눈도 못 뜨던
산딸기를 그리더니
오늘은 병아리 눈을 떴으니
내일은 화선지에 빨간 웃음꽃이
조롱조롱 매달리겠네

산은
물감이 없어도 푸르게 붉게
사계절 그림을 그리는데

세월에
지워져 가는 내 얼굴도
푸르게 그릴 수만 있다면

오월의 저 산처럼
내 몸도 푸르게
그릴 수 있다면은.

산은 나의 애인

오늘도 산이 나와서
나를 반갑게 맞아 주네
여태 살아왔어도
애인愛人을 몰랐는데
온 산천이 다 내 애인이네
이렇게 많은 애인을 두었으니
나는 천하에 제일 난봉꾼이네

여태
너와 함께 놀았어도
이제서야 깨달았으니
내가 무관심한 바보이었나
이 많은 애인을 두고서도
모르고 살아왔으니

꽃들의 저 붉은 웃음소리가
나를 자꾸 되돌아보게 하네.

산바람

산에 오면 푸른 잎으로
마음도 닦고 꽃들에게
사랑도 배우며 침묵한
산에게 이야기도 듣고

마음이 자기 집인 양
떠날 줄 모르는 이 걱정들
이 맑은 바람에 저 구름처럼
훨—훨 날아갔으면

무던한 저 바위처럼
걱정 없는 마음으로 살게
이 말을 듣던 여기 꽃들이
우리 함께 살아가자 하네.

제6부

세상과 더불어

별들의 세상

밤의 황야에 핀 수많은 별꽃을
누가 저렇게도 가꾸었을까
맴돌다 지는 기억처럼
깜박이는 저 먼 별꽃들의 황야

푸르게 핀 별꽃들은
세월의 무게만큼이나
피고 져서도 밤이면 나와서
오순도순 푸르게 속삭이네

밤이 없으면 밤이 없었더라면
별들의 속삭임을 들을 수 있을까
창공에 핀 수만 년 핀 별꽃들
밤이 깊어 갈수록 더 붉게 피어나네.

※중국 운남성 호도협 3000m 산정에서

백두산 천지

여기 수수만년 지켜 온
우리의 성지 백두산 천지
겨레의 혼 푸르게 피었네

푸른 하늘이여, 푸른 물결이여
내 오늘 이국異國의 하늘 아래서
건너편 네 모습을 바라본다

오천 년의 역사 갈라진 혈맥
이국異國 땅 백두산에 와서 서니
통한의 눈물 슬프게도 지네

내 조국이여, 내 숨결이여
내일은 이국 하늘이 아닌
내 하늘 아래서 서러웠던
옛이야기 말해 보자꾸나
침묵의 저 북쪽 하늘이여.

※중국에서 바라본 백두산 천지

도문교※에 서서

맑게 흐르던 옛 모습 오간 데 없고
오수汚水에 옛 추억만 흘러가네

가깝고도 먼 침묵의 저 너머 세상
오수에 얕게 흐르는 도문교에 서서
가깝고도 먼 세상 너를 바라본다

갈라진 조국 통한痛恨의 눈물
서럽게 서럽게도 흘러내리네

붉고 푸른 도문교 두 동강난 다리
남의 땅 중국 붉은 다리에 서서
내 너를 하염없이 바라본다

원한怨恨의 조국 통일 그날을
기다리며 이국異國의 다리 위에서
통일을 기원하며 가깝고도 먼
내 너를 처량하게 바라본다.

※도문교: 중국과 북한 경계다리(함경북도)

중국 도문교

가깝고도 머언 이국異國 땅에서
침묵의 땅 내 조국 바라본다

푸르던 강물은 흔적 없고
얕은 오수汚水의 강물에
애들만 물장구치고 노네

붉고 푸른 경계선 그은 도문교
드문드문 오고 가는 사람들
물어봐도 벙어리처럼 오고 가네
더 갈 수 없는 이국異國의 도문교에서
북녘 하늘 내 조국을 바라본다

어둠에 싸인 저 북녘 언제 통일의
횃불을 켤지 내 통한의 가슴 안고
더 갈 수 없는 이국異國의 하늘 아래에
내 여기서 발걸음을 뒤돌린다

있어라, 내 조국이여

통일의 횃불 켤 때까지
내 그때 다시 오마,
내 조국이여, 내 하늘이여.

꽃배

아침 햇살이
호수 위에 앉아
구슬처럼 반짝이다

수면 위에 금빛 가루를 뿌린 듯
반짝이는 호수 별빛 같구나

잔물결이 낙엽처럼
파르르 떨면 호숫가의 꽃잎들
꽃배가 되어 햇살을 가득 싣고
물길을 따라 떠나가네

어린 꽃잎들
조잘조잘 속삭이며 반짝이는
햇살을 가득 싣고 사공 없이
바람 따라 어디로 가는 건지
호수는 어머니 가슴
이별의 가슴만 별빛처럼 적신다.

※중국 운남성 호도협 한 호수에서

별들의 이야기

밤의 황야에 핀 수많은 별꽃을
누가 저렇게도 가꾸었을까

맴돌다 사라지는 기억처럼
깜박이는 먼 별꽃들의 황야

푸르게 핀 저 높은 별꽃들
밤마다 깊게 속삭이다가
새벽녘에 눈을 감네

밤이 없으면
빛나는 네 모습 볼 수 있을까
네 속삭임 들을 수도 있을까

창공에 핀 수많은 어린 별꽃들
밤이 깊을수록 더 밝게 피어나네
푸르게 속삭이는 저 천공天空의 별꽃들.

※중국 운남성 호도협, 3000m 산 정상에서

영혼의 밤

피로한 여로旅路를
잔디밭에 내려놓고

저 높고 푸른
별빛을 쳐다보며
누웠습니다

이 한밤 저 별빛에
세속의 때를 씻고
당신과 함께 포근히
잠들고 싶습니다

사랑하는 어머님
성모 마리아여
이 밤 저를 위해 빌어 주소서.

※중국 운남성 호도협 산정에서

묵주의 기도

마음에는 가식假飾만 있을까

모든 것이 척이다
교회에 나가는 척 믿는 척
이렇게 모두가 척이니
하느님 보시기에 어떠실까

몇 분 지나면 기도의 지향은
분심의 그늘 속에서 헤매고
생각은 생각대로 입은 입대로
묵주알은 생각 없이 가속으로
손가락 사이로 빠져나가고
나중에 기도 지향은 빈 껍질만
손가락 사이로 수북이 쌓인다
모두가 하는 척이니

이렇게 기도를 드려도
안 드리기보다 나을까
스스로 위안을 해본다.

별빛을 밟으며

잠들었던 별들은 눈을 뜨고
등산길은 어둠에 잠을 청하네

별빛을 밟으며 묵주알을 굴리며
하느님 당신을 찾아도
당신과 나 사이에
얼마나 깊은 강이 놓였기에
평생 목메어 불러도
당신의 음성조차 들을 수 없나요

어머님
얼마나 문을 두드려야만
당신의 희미한 음성이라도
들을 수 있을까요
손끝이 시리도록 당신을 불러 봅니다
대답 없는 메아리가 당신의
대답인 줄 알고 묵주알을 굴리며
당신의 문을 두드립니다
어머님, 성모 마리아여.

기도하는 사람들

솟는다
해가 솟는다
빠알간 순교의 피
거룩한 피가 솟는다
거꾸로 매달린 몸에서
펑펑 쏟아 내린다
이천 년의 영광榮光의 피가
붉게 아래로 쏟아 내린다

영생永生에 목마른 자들
모두 제대 앞에서 받아 마신다
영생의 붉은 피를…
가슴 뜨겁게 받아 마신다

영생에 목마른 세상 사람들
피부 색깔은 모두가 달라도
님 향한 마음은 오직 하나.

※로마 성 베드로 대성당에서

순례의 길

님이 가셨던 길을 걸어 봅니다

님이 가셨던 길가엔 오늘도
산딸기가 옛 주인을 맞이하는 듯
줄기마다 빨갛게 손을 내밀고
뻐꾸기도 옛 주인을 맞이하는 듯
따라오며 뻐꾹뻐꾹 노래하네요

산과 하늘은 옛 그대로인데 님이 다니셨던
길은 잡초 속에 묻혀 있네
구름도 넘기 힘들다는 문경새재 하늘고개
아, 외로워서라, 복음의 발자취
당신의 발자취 꽃이 되어 붉게 피어 있네

신앙을 위해 목숨 바친 그 성혈聖血
영광榮光의 길로,
주님께 바치신 그 충절忠節
영생永生의 길로
오, 거룩하여라. 님이 다니셨던 길

님은 가셔도 성혈은 꽃이 되어 피어 있네

님이 가신 이 길이
영생의 길이라 믿고 믿어도
이 길이 나에게 온다면
나는 어찌할까?

님 가신 거룩한 길
가다 말고 돌아보고 또 돌아본다.

지렁이가 나를 살렸다

기어가는
지렁이를 잡아서
입에 쑥 넣었다

어리석은 지렁이가
목구멍이 자기 집인 양
꿈틀꿈틀 기어들어 갔다

아사餓死 직전에 굶은 배
눈이 훤하게 밝아졌다.

※한 탈북민의 이야기

서울 가는 십이 열차

지붕 위에 검은 모래주머니가
까마귀 떼같이 옹기종기 모여 있다

부산역은 밤낮없이 피란민을 싣고
서울로 떠나고
기차에 몸 실은 피란민들은
누가 먼저라 할 것 없이
'이별의 부산정거장'을 목청껏 노래 불렀다
서울은 수차례 밀려오고 밀려가고
육이오 전쟁의 붉은 전재戰災들
회상하기도 싫은 잔재들이
아직도 마음에 이끼로 끼어 있다

기차는 밤낮없이 동란의 귀향객을 싣고
꽥―꽥 서울로 떠나고 아직도 꿈은 밤마다
서울 가는 '십이 열차' 노래를 부르며
서울로 떠나고 있다.

고향에
두고 온
내 마음

발행 | 2025년 10월 23일
지은이 | 손진명
펴낸이 | 김명덕
펴낸곳 | 한강출판사
홈페이지 | www.mhspace.co.kr
등록 | 1988년 1월 15일(제8-39호)
주소 | 서울특별시 종로구 삼일대로 457, 501호(경운동)
전화 735-4257, 734-4283 팩스 739-4285

값 12,000원

ISBN 978-89-5794-597-1 04810
　　　978-89-88440-00-1(세트)

※저자와의 협약에 의해 인지는 생략합니다.
※이 책의 저작권은 저자와 본 출판사에 있습니다.
※잘못된 책은 바꾸어 드립니다.